VIE

DE SAINT SYMPHORIEN

MARTYR

PATRON DE LA PAROISSE DE MASSANGIS

VIE

DE

SAINT SYMPHORIEN

MARTYR

PATRON DE LA PAROISSE DE MASSANGIS

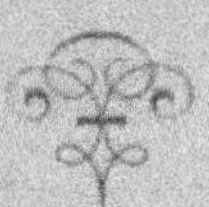

*Ait adolescens : Non obedio præ-
cepto regis, sed præcepto legis quæ
data est nobis.*
(II Macchab., VII, 30.)

BAR-LE-DUC

IMPRIMERIE-LIBRAIRIE DE L'ŒUVRE DE SAINT-PAUL

Ancienne imprimerie des Célestins

SEMEN ET Cⁱᵉ

...ud et Barral, 18, rue Cassette

VIE

DE

SAINT SYMPHORIEN

MARTYR

PATRON DE LA PAROISSE DE MASSANGIS

Ait adolescens : Non obedio præcepto regis, sed præcepto legis quæ data est nobis.

(II Macchab., VII, 30.)

BAR-LE-DUC

TYPOGRAPHIE DES CÉLESTINS — BERTRAND

—

1879

VIE

SAINT SYMPHORIEN

CHAPITRE PREMIER

NAISSANCE DE SAINT SYMPHORIEN — SA PREMIÈRE ENFANCE

Parmi les premiers fidèles d'Autun qui désiraient avec ardeur l'arrivée de quelques ministres de la religion, il y en avait un, remarquable entre tous par ses vertus et par le rang élevé qu'il occupait dans la ville. Cet heureux chrétien s'appelait Fauste. Chef d'une très-noble famille sénatoriale, décoré de la dignité de préteur, il jouissait dans la ville de cette haute considération qui accompagne le mérite, le rang, l'exercice de l'autorité publique, les grandes magistratures, la noblesse et l'opulence. Mais Dieu qui avait ses vues en le choisissant dans une position élevée pour l'appeler à la connaissance de l'Evangile, le réservait à une tout autre illustration. Distingué devant les hommes, il était plus distingué encore devant Dieu par sa vertu et par cette foi antique qui faisait les martyrs : aussi Dieu lui-même devait se charger de le récompenser un jour, dès ici-bas, en entourant son nom et sa famille d'une gloire nouvelle jusqu'alors inconnue à Autun, et que ne peuvent donner ni enlever les hommes.

Fauste avait une épouse digne de lui, comme lui chrétienne, pieuse et forte dans la foi, désirant avec une ardeur égale à la sienne ceux qu'elle appelait des anges de Dieu, et comme lui trop heureuse de les recevoir. Son nom était Augusta. Elle avait donné à son époux un fils, unique gage de leur pieux amour, unique objet sur la terre de leurs affections comme de leurs espérances : il se nommait Symphorien. La noble matrone éduenne unissait à la gravité des mœurs, à la dignité de la conduite, une modestie aisée et gracieuse ; à une aimable douceur, la force du caractère ; à toute la ferveur des premiers fidèles, les attentions délicates de l'amour conjugal et les tendres sollicitudes de l'amour maternel. Elle était chrétienne, elle était épouse, elle était mère, avant tout. Sachant que le bonheur, pas plus que la vertu, ne se trouve dans les bruyants plaisirs, dans les fêtes et les sociétés mondaines ; tout entière à ses pures affections et à ses devoirs ; renfermée dans cet intérieur de famille fastidieux seulement pour les âmes égoïstes, légères et sans affection comme sans conscience, mais si plein de charmes, si doux pour les âmes sérieuses et aimantes, qui savent se renfermer dans le cercle de leurs tranquilles occupations de chaque jour au lieu de se lancer à la poursuite de frivoles jouissances, elle se contentait, elle se trouvait assez heureuse d'embellir et de sanctifier le foyer domestique, ce sanctuaire privé où Dieu habite aussi. Elle mettait toute sa joie à être la joie de son époux, et à sourire, ange elle-même, aux premiers sourires de l'ange qui était son fils.

Fauste et Augusta ne connaissaient pas encore toute la valeur du trésor qu'ils possédaient dans Symphorien et la sublime destinée que Dieu réservait à cet aimable enfant. Mais, en parents véritablement et solidement chrétiens, comme on savait l'être alors, ils n'ignoraient pas que c'était un don du ciel ; et ils l'élevaient pour le ciel avant de l'élever pour la terre. Bien différents de ces parents vulgaires qui se contentent d'aimer leurs enfants, sans s'inquiéter de la manière dont il faut les aimer, ou qui peut-être ne les aiment que pour eux-mêmes, transformant ainsi en égoïsme déguisé tout, jusqu'à l'amour le plus sacré, l'amour paternel ; Fauste et sa noble compagne, non-seulement aimaient leur fils de toute l'affection que la nature met dans des cœurs de père et de mère, mais encore ils savaient l'aimer avec toute la tendresse désintéressée, toute la force du dévouement qui s'oublie. Ils l'aimaient pour lui-même, ils l'aimaient pour Dieu, source de toute paternité aux cieux et sur la terre, ils le lui offraient chaque jour comme un bien dont eux-mêmes n'étaient que les dépositaires. Sur Symphorien reposaient toutes leurs espérances ; et cependant ils n'avaient pas de plus grande ambition que de transmettre fidèlement à cet unique et cher enfant le céleste héritage de la foi, le plus précieux de leurs biens. Persuadés que les premières impressions sont ineffaçables, ils s'appliquèrent à son éducation religieuse dès ses plus tendres années, et le préparèrent de bonne heure au saint baptême.

Aussitôt donc que sa jeune âme parut s'entr'ouvrir aux premières lueurs de la raison, ils se hâtèrent d'y introduire simultanément les premières lueurs de la vérité descendue du ciel, de cette admirable doctrine évangélique qui a des teintes adoucies et gracieuses, des aspects enfantins et sympathiques pour les petits enfants, comme elle réserve d'immenses horizons et des flots de vive lumière pour les plus grands génies. Ne voulant pas que rien précédât dans son cœur la connaissance et l'amour de Jésus, ils lui apprirent dès le premier réveil de sa raison, dès son premier sourire, à bégayer ce nom doux et saint, avec celui de Marie ; lui disant sans doute qu'il avait dans le ciel, aussi bien que sur la terre, un père et une mère. Ainsi Symphorien apprenait l'amour de Dieu en même temps que l'amour de ses parents ; et ces deux saints amours croissaient, se fortifiaient ensemble. A mesure qu'ils voyaient son âme se développer peu à peu sous la douce influence de ces enseignements de famille inspirés par l'amour et la foi, comme un tendre lis sous la chaleur chaque jour croissante d'un soleil de printemps, et recevoir un nouveau rayon d'intelligence, Fauste et Augusta, sans cesse vigilants et attentifs, s'empressaient d'y insinuer aussi un nouveau rayon de la vérité dont le Verbe divin incarné fut, aux yeux des hommes, le foyer lumineux. Et, en même temps, les anges, qui entouraient ce jeune frère avec une respectueuse affection et se plaisaient à le couvrir de leurs ailes, versaient chaque jour dans son cœur de nouvelles gouttes de cette rosée et de ce parfum du ciel qu'on appelle la grâce, le préparant ainsi de la part de Dieu au grand avenir qui l'attendait et récompensant en lui la foi de ses pieux parents.

Aussi l'enfant béni, à l'exemple du divin enfant qu'on ne cessait de lui présenter comme un ami, comme un modèle, croissait-il en sagesse et en âge, devant Dieu, qui voyait sa belle âme se préparer si bien par le bon usage des faveurs présentes à des faveurs plus signalées encore, et devant les hommes, qui déjà croyaient voir poindre, comme les premiers feux d'une brillante aurore, les premières traces de la

grandeur d'âme, de la force, de l'élévation
du caractère, de toutes les qualités de
l'esprit et du cœur, jointes aux doux et
purs attraits de l'innocence, aux grâces,
aux amabilités naïves dont est embellie,
sans le savoir, l'enfance la plus privilégiée,
au moment de l'épanouissement de son
cœur et de sa raison. Fauste et sa pieuse
épouse, ravis de trouver prématurément
dans leur fils, avec tous les charmes de
l'âge, avec tous les dons de la nature et de
la grâce, cette correspondance parfaite à
leurs soins et à leurs désirs, cette docilité
pieuse et spontanée, cette soumission empreinte de respect et d'amour qui fait le
bonheur des parents aussi bien que la béné-
diction des enfants en ce monde et en
l'autre, ne cessaient de remercier le ciel du
présent qu'ils en avaient reçu.

Gardé par l'innocence, en même temps
que son corps et son cœur, l'esprit du jeune
Symphorien, comme celui de Jésus, grandis-
sait et se fortifiait tous les jours. Précoce
pour toutes les vertus de son âge, l'aimable
et pieux enfant ne l'était pas moins pour
les connaissances humaines. Aussi éclairés
que tendres, ses dignes parents tenaient à

ce qu'il étudiât de bonne heure les éléments des lettres profanes en même temps que les éléments de la science religieuse. Tous deux comprenaient que pour faire de leur fils un homme complet, ils devaient en faire un chrétien éclairé autant que solide ; tous deux voulaient qu'il fût digne de leur haute position dans la cité et de leur foi devant Dieu. Les leçons humaines qui s'adressent à l'esprit et les enseignements divins qui forment le cœur marchaient donc parallèlement : les premiers sous la direction plus particulière de Fauste, les seconds sous l'inspiration plus spéciale d'Augusta. Les progrès de l'enfant dans l'une et l'autre étude étaient remarquables : ils répondaient à la double intention de ses nobles et vénérables parents. Mais la foi surtout croissait et s'affermissait dans son âme, semblable à un jeune chêne plein de sève et de vigueur qui, trouvant une terre riche autant que bien préparée, s'y développe et monte vers le ciel avec une rapidité merveilleuse, en poussant des racines assez profondes et assez fortes pour résister un jour à tous les orages. La piété avait grandi et s'était fortifiée avec la foi. Elle était en lui un sentiment profond sans cesse présent, devenu presque naturel et inhérent à l'âme, à la fois doux comme l'amour d'un Dieu bon, comme l'amour d'une tendre mère qui l'avait inspiré, et fort comme les convictions les plus opiniâtres, ou comme ces premières habitudes de l'enfance, qui, n'ayant fait que se développer toujours davantage, semblent identifiées avec l'existence même. Et ce ne sont pas là de vaines conjectures, des assertions gratuites : *Religionis Christi mox mysteriis imbutus.* Ne faut-il pas, en effet, que la foi et la piété chrétiennes aient été longtemps et soigneusement nourries dans l'âme de Symphorien, pour avoir pu s'élever à la hauteur où nous les verrons bientôt ? Car les grandes vertus ne s'improvisent pas plus que les grands vices : elles s'annoncent, elles se préparent de loin.

CHAPITRE II

Pendant que, tout occupés à faire l'éducation chrétienne de leur bien-aimé fils, plus encore par leurs exemples que par leurs leçons, Fauste et Augusta le préparaient au baptême et, sans le savoir, au martyre, arrivèrent à Autun les saints missionnaires de Smyrne, Bénigne, Andoche et Thyrse. Fauste les accueillit avec empressement et fut heureux de les recevoir dans sa maison. L'arrivée des missionnaires fut une fête pour cette maison sainte : Fauste convoqua pour la célébrer tous les membres de sa famille, tous ses amis qui, déjà chrétiens par le désir, n'attendaient que le baptême. Nos saints missionnaires les eurent bientôt préparés à la foi, par cette charité, par cette douceur aimable, par toutes ces industries du zèle apostolique qui savent si bien trouver le chemin des cœurs. Ils les gagnèrent d'abord par la sympathie qui attire, puis les dominèrent par la vertu sainte attachée à la prédication de la parole évangélique et aussi par cet ascendant surnaturel de la sainteté qui commande le respect et la confiance, l'admiration et l'amour, qui frappe et qui subjugue. Après avoir ainsi ouvert les cœurs et s'être rendus maîtres des âmes, ils y introduisirent sans peine, avec le secours de la grâce, la vérité et la foi. Et déjà autour des bons pasteurs se réunissait un troupeau qui devenait de jour en jour plus nombreux.

Dans ce bercail, il y avait une brebis plus intéressante, plus chérie et plus digne de l'être que toutes les autres, c'était le jeune fils de Fauste et d'Augusta. Avec quels soins empressés et affectueux les ministres de Jésus-Christ travaillaient à compléter son instruction chrétienne ! Avec quel bonheur aussi ils déposaient la parole sainte dans cette âme innocente et privilégiée, où pas une parcelle du don céleste, selon l'expression de l'Écriture, ne se perdait ; où toutes leurs leçons trouvaient une intelligence précoce pour les saisir, un jugement sûr et droit pour les apprécier, un cœur pieux pour les goûter, et toutes leurs exhortations, un écho ! C'est ainsi que la Providence préparait, à l'insu des hommes et à l'insu de lui-même, le fils de Fauste à la gloire de consacrer pour jamais à Jésus-Christ cette terre éduenne, par l'effusion du premier sang chrétien. En attendant, l'aimable enfant, instruit à marcher dans la voie droite, commençait à chercher Dieu et croissait sous les bénédictions du ciel. L'Esprit-Saint montrait déjà qu'il était avec lui : sa foi se fortifiait pour rendre un jour gloire au Seigneur, et l'on pouvait dire de lui ce qui est dit de saint Nazaire, un des premiers apôtres des Gaules : *Nondum sacramentorum conscius et in sacrificium jam prælectus*, il n'avait pas encore reçu le sacrement qui fait les chrétiens, et déjà il était choisi d'avance comme une victime pure destinée à l'immolation du martyre.

Bientôt la volonté de Symphorien parut assez forte, son esprit assez nourri de vérité, son cœur assez plein de foi, d'espérance, de désir, et d'amour, pour qu'il fût permis de fixer à une date très-rapprochée la solennité du baptême et la participation aux sacrés mystères. Chez le jeune catéchumène, la piété, devançant l'âge, était à la fois si éclairée et si vive, si solide et si affectueuse, que saint Bénigne crut qu'il était temps de combler ses vœux. Il se souvenait aussi de la demande de Fauste et s'estimait trop heureux de pouvoir, en l'accomplissant, payer l'hospitalité du noble citoyen d'Autun. Cependant un petit oratoire secret avait été préparé vraisemblablement dans la maison même de Fauste. On y voyait un autel, un des premiers sinon même le premier peut-être où descendit, à Autun, des hauteurs des cieux, la victime sans tache immolée déjà du couchant à l'aurore. Les saints missionnaires le dédièrent au prince des Apôtres, posant ainsi l'Eglise éduenne naissante sur cette pierre fondamentale choisie et désignée par le divin architecte lui-même. Ce lieu fécond en souvenirs, qui rappelle Symphorien, sa famille, son berceau, son baptème et les apôtres d'Autun, nos aïeux ont eu soin de le consacrer par la construction d'une église en l'honneur de saint Pierre et d'une abbaye sous le vocable de saint Andoche.

Après le baptème qui donne la vie et fait

chrétien, le ministre de Dieu appela sur Symphorien tous les dons de l'Esprit créateur qui augmentent cette vie céleste, qui éclairent, qui fortifient et rendent chrétien parfait. Il lui imprima sur le front le sceau ineffaçable qui confirme tous les engagements et transforme celui qui n'est encore que simple disciple de Jésus-Christ en soldat armé pour la lutte et préparé pour la victoire. Ce jeune front, si noble et si pur, toujours conservera intact le signe glorieux de son enrôlement dans la milice chrétienne. Il n'aura jamais à rougir ; il ne saura non plus ni se courber sous les menaces d'un tyran, ni pâlir en face de la mort. Voilà donc le fils de Fauste oint comme un athlète pour combattre les combats du Seigneur, ou plutôt marqué comme une victime choisie destinée au sacrifice.

Après avoir reçu le grand sacrement qui ouvre les portes de l'Eglise et du ciel, le voile du sanctuaire fut levé : l'autel apparut à ses yeux resplendissant de lumière ; et pour la première fois il put assister à la célébration des augustes mystères, complément de l'initiation chrétienne. Symphorien s'avança bientôt avec un respect mêlé d'amour et présenta ses mains pures. La chair de la victime sainte, sacrifiée et cependant vivante, y fut déposée par le diacre ; et l'ange de la terre, après avoir adoré avec les anges du ciel qui l'accompagnèrent à la table eucharistique, prit le pain céleste, source de vie, germe d'immortalité, avant-goût des délices éternelles, ineffable moyen d'union et presque de déification, inventé par l'amour infini aidé de la toute-puissance, et qui dès maintenant, si le voile venait à tomber, serait l'union béatifique. Il put aussi tremper ses lèvres saintement avides dans le calice du salut, et y puiser une goutte tombée de ce torrent d'indicibles voluptés, éternel enivrement des bienheureux. Car le ciel est une première communion qui dure toujours sous les ombres de la foi.

Que ne nous est-il donné de savoir ce qui se passait dans l'âme du futur martyr, à cette heure fortunée pendant laquelle le temps semblait être devenu immobile comme l'éternité ; ce qu'il disait dans cet entretien intime avec le céleste ami qui, pour la première fois, reposait sur son cœur ? Alors sans doute s'alluma ce courage de héros qui devait braver un jour l'horreur des supplices, comme la flatteuse séduction des promesses ; cet amour assez fort pour ordonner à la mort de briser les liens de la vie plutôt que de faillir. Après avoir épanché tous les sentiments de sa reconnaissance envers Dieu dans une douce et fervente action de grâces, il se hâta d'aller remercier ceux qui venaient d'être pour lui les instruments de la bonté divine et ses pères dans la foi. Puis il courut se jeter, tout tressaillant des saintes joies du baptême et de la communion, dans les bras de ses parents. Eux aussi sortaient du banquet eucharistique : ils étaient heureux de leur propre bonheur et du bonheur de leur fils. Avec quelle pieuse étreinte se pressèrent mutuellement ces cœurs où venait de descendre le Dieu qui est tout charité ! Avec quelle tendresse respectueuse se collèrent les unes contre les autres ces lèvres encore teintes du sang de l'Agneau divin ! Il est fortuné, il est beau, il est radieux entre les autres jours, celui où, pour la première fois, le sacrement de l'Eucharistie consomme dans le jeune chrétien la plus complète possession du Christ : jour du ciel plutôt que de la terre, où l'enfant, en revenant du temple, rapporte son Dieu dans son propre corps devenu un tabernacle, et transforme en un vrai sanctuaire ce foyer consacré, où la famille entière aime et adore le divin Sauveur qui revient avec lui du mystérieux festin.

CHAPITRE III

L'aimable et saint enfant venait d'entrer
dans la première adolescence. Grandissant
au sein de sa famille comme dans un sanctuaire protecteur, sous la double égide de
la religion et de l'amour paternel, il avait
conservé dans son cœur toujours pur le sou-
venir toujours cher aussi, toujours vivant
de son baptême et de sa première communion. Chrétien fervent et solide, fils aimant,
esprit distingué et sérieux, élevé par ses
sentiments comme par ses goûts au-dessus
des cœurs et des esprits vulgaires, il ne connaissait que les joies de la piété unies à
celles du foyer domestique et de l'étude des
lettres, ce besoin, ce noble plaisir des intel-
ligences d'élite. Quelle jouissance pour
Fauste et pour Augusta de continuer, par

une forte instruction religieuse et littéraire, l'éducation de cette jeune âme où le vrai, le bien, le grand, le beau recevaient un accueil si empressé, si sympathique, et où rien ne se perdait ! Toutefois nous pouvons croire qu'ils ne voulurent pas s'occuper seuls d'une œuvre si importante. Parents aussi éclairés que bons, ils n'abdiquèrent point entièrement, comme on le voit trop souvent aujourd'hui, pour les confier à des mains étrangères et quelquefois indignement mercenaires, les fonctions sacrées de premiers éducateurs de leur fils ; mais, dès qu'ils virent que ses facultés étaient assez développées et assez puissantes, ils s'associèrent pour lui faire prendre, sous leur direction et leur surveillance, les leçons des maîtres les plus sages et les plus distingués. Ils n'eurent pas besoin d'aller les chercher bien loin : Autun était alors un des plus brillants foyers de lumière, un des plus grands centres d'études de toute la Gaule. Les écoles Méniennes, qui devaient plus tard jeter un vif et dernier éclat sous le célèbre rhéteur Eumène, existaient déjà depuis longtemps et attiraient un nombre prodigieux d'élèves. La politique romaine, qui usait de tous les moyens pour arriver à ses fins, n'avait pas manqué d'établir dans plusieurs grandes cités gauloises, telles que Marseille, Arles, Narbonne, Toulouse, Bordeaux, Autun, des écoles destinées à répandre dans les Gaules la connaissance et le goût de la littérature et de la législation romaines. De ces écoles sortaient la plupart des hommes qui se firent remarquer dans ces premiers siècles de décadence.

Nous savons que Symphorien faisait des progrès remarquables dans l'étude des poètes, des orateurs et des historiens grecs et romains ; car ses Actes ne manquent pas de faire remarquer que le saint jeune homme était instruit dans les lettres profanes qui avaient formé son esprit, aussi bien que dans les saintes lettres qui avaient formé son cœur, éclairé ses pas et dirigé sa conduite. Son père, convaincu que la religion est comme l'arôme qui empêche la science humaine de s'enfler et de se corrompre, s'appliqua surtout alors à lui faire étudier d'une manière plus sérieuse, plus approfondie, le christianisme et les Livres saints. Cette foi et cette piété que Symphorien avait sucées avec le lait, et qui étaient pendant les années de l'enfance plutôt encore un sentiment intime qu'une croyance raisonnée, Fauste s'attachait maintenant à les affermir par un enseignement plus fort, à les consolider par la réflexion qui apporte une lumière plus intense et une conviction plus profonde. Sa vénérable épouse se faisait un devoir et un bonheur de l'aider dans ce travail quotidien de l'éducation religieuse, qu'elle considérait surtout au point de vue du cœur. Telle est, en effet, l'œuvre spéciale des mères : Dieu leur a donné la puissance du cœur, comme il a donné aux hommes la puissance de l'esprit. De même que le soleil verse la chaleur en versant sa lumière, illumine et féconde la nature ; ainsi la véritable éducation, l'éducation complète, la seule capable d'illuminer aussi et de féconder l'homme, est celle qui enseigne l'amour avec la vérité. Il faut que l'éducation religieuse que le saint martyr reçut de ses parents ait été bien suivie, bien soignée et bien forte pour avoir élevé, avec l'aide de la grâce, sa jeune âme à la hauteur où elle est parvenue. C'est à cette éducation que l'histoire attribue la conservation de son innocence, et sa vertu d'abord, et

ensuite le courage de braver la mort. Déjà
la persécution commençait à sévir. Il fallait
donc que saint Fauste et sainte Augusta éle-
vassent l'esprit de leur fils, non-seulement
au-dessus des vices et des superstitions du
paganisme, mais encore au-dessus de la
crainte de la mort. Quand nous entendons
sa mère l'exhorter au moment du supplice,
ne pensons pas que ce soit la première fois
qu'elle ait fait entendre à cet illustre fils de
pareilles leçons.

Qu'elle était sainte, douce et féconde,
cette éducation de famille ! Symphorien, dès
sa première enfance, avait toujours vu dans
le sourire de sa mère le plus puissant encouragement et la plus chère récompense.
Il aimait cette digne et tendre mère d'un
amour plein d'un pieux respect et accom-
pagné du désir persistant de lui être
agréable, de l'imiter, de lui obéir avec un
affectueux empressement et de marcher
ainsi sur les traces de l'Enfant-Dieu, son
modèle. Ses actions avaient ce qui manque
à tant d'hommes faits, à tant de philosophes
même, un principe incontestable, un mobile
élevé, immuable, divin ; et c'était sa mère
qui, par ses exemples joints à ses leçons,

lui enseignait cette science à la fois si simple et si sublime. Il est dit de la mère de saint Nazaire qu'elle était sa mère plus encore par l'esprit que par la nature : telle aussi était Augusta pour Symphorien.

Tous les jours donc, pour nourrir la foi et la vertu de son fils, elle lui faisait lire sous ses yeux les divines Ecritures, ne manquant pas d'appuyer sur les passages qui conviennent plus particulièrement à la jeunesse, comme elle avait eu soin précédemment d'attirer son attention sur ceux qui regardent et intéressent plus spécialement l'enfance. « Heureux l'homme », lui disait souvent avec le Prophète cette bonne et pieuse mère, « qui aura porté le joug du Seigneur dès ses premiers ans ! » — « Dieu », ajoutait-elle, « veut les prémices de toutes choses : donne-lui de bon cœur, mon cher enfant, les prémices de ta vie ».

Une autre fois, Augusta résumait ainsi à Symphorien les enseignements divers : « Mon fils, sois heureux de te laisser diriger. Celui qui aime à être instruit pendant qu'il est jeune acquerra une sagesse qui l'accompagnera jusqu'à l'âge des cheveux blancs. Comment trouver dans la vieillesse ce qu'on n'aurait pas amassé pendant les années de l'adolescence ? Celui qui se plaît à recevoir des leçons est vraiment sage. Celui, au contraire, qui les repousse et ne veut pas être guidé, parce qu'il se croit toujours dans le bon chemin et a en lui-même une confiance présomptueuse, est un insensé. L'enfant abandonné à sa volonté propre fait la confusion de sa mère, au lieu d'être le charme de sa vie, les délices de son âme. Le jeune homme hautain et indocile est un objet d'abomination aux yeux de Dieu. L'âme du juste aime l'obéissance, parce qu'elle n'oublie pas ces paroles du divin Modèle : Apprenez de moi que je suis doux et humble de cœur, et vous trouverez le repos. Mais sache aussi, mon cher enfant, que quiconque veut servir Dieu doit être fort et préparé pour l'épreuve. Du reste, la mort ne vaut-elle pas mieux qu'une vie empoisonnée par l'amertume du remords ? Veille beaucoup sur ton cœur, car de lui procède la vie. Aime Dieu au ciel, et tes parents sur la terre. Un fils sage écoute toujours son père. Suis donc ses leçons et ses exemples, et ne méprise pas les avis de ta mère. Souviens-toi que tu lui as coûté bien des gémissements et des peines ». Pendant qu'Augusta parlait, son fils, avide et heureux de l'entendre, lui prêtait une oreille pieusement attentive et tenait son cœur ouvert. Il voyait en elle la plus aimable personnification de la vertu et tenait avec un amour mêlé d'un doux respect ses yeux fixés sur cette figure de mère, empreinte de majesté et de tendresse.

Réalisant en sa personne ce magnifique idéal de la mère de famille et de la femme forte que nous offre l'Ecriture sainte, Augusta n'oublie pas de rappeler à Symphorien ce simple mais héroïque enseignement de l'Evangile qui a produit tant de martyrs : « Ne craignez point ceux qui ne tuent que le corps, craignez plutôt celui qui peut perdre le corps et l'âme. Quiconque me confessera devant les hommes, je le confesserai aussi devant mon Père. Celui qui conserve sa vie la perdra, et celui qui la perd pour l'amour de moi la sauvera ». L'influence que ces paroles exercèrent sur la grande âme du jeune homme dut être immense, si l'on en juge par les magnifiques résultats qu'elle a produits.

Veiller sur son fils, prier pour lui, lui donner l'instruction religieuse et les leçons de la vertu était pour elle une joie autant que l'accomplissement d'un devoir. Ces sublimes enseignements de chaque jour, passant des Livres saints dans le cœur et sur les lèvres de cette bonne et pieuse mère, arrivaient au plus intime de l'âme de Symphorien, avec la double consécration de l'inspiration divine et de l'amour maternel. Aussi quelles douces et profondes impressions ils y laissèrent ! Pendant ces instructions quotidiennes qui charmaient et sanctifiaient une heure de la journée, Augusta voyait dans son enfant l'enfant même de Dieu, confié à sa sollicitude ; et Symphorien écoutait avec une vénération mêlée de tendresse filiale celle qui était à ses yeux l'image de l'ange commis à la garde de sa vie. Admirable intérieur de famille qui appelle toutes les bénédictions divines !

L'angélique enfant, recevant ainsi les leçons de la meilleure des mères, ne nous retrace-t-il pas ce délicieux tableau, peint par l'Esprit-Saint lui-même avec tant de fraîcheur dans une des pages du livre des Proverbes : « Petit et tendre enfant, fils unique de ma mère, je me tenais devant elle, et elle m'instruisait. Elle me disait : Reçois mes paroles dans ton cœur, et ne les oublie pas. Je te montrerai la voie de la sagesse, je te conduirai par les sentiers de la justice, et ainsi tu deviendras grand ? »

Que l'on aime à voir ces familles bénies où la religion et l'amour maternel révèlent l'art d'élever les enfants selon le cœur de Dieu et le vœu de la nature ! L'ange du Seigneur semble véritablement les couvrir de ses ailes sacrées. Là, on croit respirer la félicité, la paix de l'innocence et tous les parfums du ciel. Là, une noble et candide pudeur, d'autant plus aimable qu'elle n'a pas conscience d'elle-même, donne un prix nouveau et un charme ineffable à tout ce qui se fait, à tout ce qui se dit. Là, on trouve de ces jeunes âmes, pures et transparentes comme du cristal, où Dieu lui-même fait briller parfois des clartés d'une étonnante splendeur ; on surprend sur des lèvres gracieuses et enfantines de sublimes naïvetés qui paraissent inspirées d'en-haut ; on rencontre des amis, des frères, des anges, des enfants vraiment beaux, beaux comme un reflet de l'apanage primitif de

notre nature, beaux comme l'espérance.
Telle était la maison de Fauste, tel était
son fils. Ainsi se passa, tranquille et innocente, sous la garde de la piété chrétienne,
sous la salutaire influence des leçons et des
exemples domestiques, sous l'heureuse direction d'un père et d'une mère vraiment
dignes de porter ces noms sacrés, la première adolescence de Symphorien. La religion et la famille, tenant à l'ombre de leurs
ailes sa jeune âme comme une fleur délicate, l'empêchaient de s'épanouir trop tôt,
et, prolongeant la sainte ignorance du cœur,
semblaient ajouter en lui à l'innocence
même une innocence nouvelle et plus belle
encore.

CHAPITRE IV

Cependant le terme de ses premières études était arrivé, et il fallait mettre à son instruction le complément nécessaire par un enseignement plus sérieux et plus élevé. Il fut donc obligé d'assister à ces brillants exercices de la parole appelés déclamations, de fréquenter ces fameuses écoles publiques où florissaient alors les hautes études des lettres grecques et latines, de l'éloquence et des lois, où accourait en foule la jeunesse gallo-romaine, où de loin venaient enseigner d'habiles professeurs qui préféraient l'éclat d'*Augustodunum* aux applaudissements de Rome et d'Athènes. Là, tout se réunissait pour attaquer la foi et la vertu de Symphorien : et le contact inévitable avec de nombreux condisciples abandonnés à eux-mêmes, sans

règle et sans frein, dans l'âge critique de
l'éveil des passions, tous païens, tous viciés
par un culte corrupteur ; et l'entraînement
des discours ; et l'entraînement plus irrésis-
tible encore des exemples ; et les poètes
sensuels, voluptueux, lascifs, où le paganisme et les vices étaient présentés sous
les plus séduisantes images ; et toutes ces
fêtes enivrantes et licencieuses, si fréquentes dans une ville où affluaient en
même temps les richesses et les plaisirs.
Comment, à cette époque de la vie où il n'y
a encore qu'éblouissement et faiblesse, résister à tant d'assauts divers ? Mais notre
généreux adolescent savait, quand il le
fallait, réclamer pour sa vertu une noble
indépendance, s'entourer d'une singularité
glorieuse, fuir les occasions du péril et
fermer à propos ses oreilles, ses yeux, son
cœur. La piété et la foi, toujours vives dans
son âme, y entretenaient ce goût sublime
de la vertu, cet amour du souverain bien
qui trouve les choses de la terre insuffi-
santes et les voluptés fades ; ce courage qui
élève, cette force qui résiste, cette énergie
évangélique qui ne recule pas devant la
violence contre soi-même, si nécessaire et

pourtant si rare dans un âge trop enclin à
un entraînement aveugle et facile, et ordi-
nairement ennemi d'une réaction sage et
vigoureuse. Autour de lui étaient toujours
rangés, comme une garde qui ne sait ni
sommeiller ni trahir, l'humble défiance de
soi-même soutenue de la prière, la circons-
pection retenue et calme, la vigilance attentive et la pudique modestie. Ainsi il put
fouler d'un pied ferme la voie du juste,
parce qu'il marchait, selon le conseil de
l'Apôtre, avec une continuelle précaution ;
traverser intact tous les périls de la vie et
tous les scandales ; éviter les fausses hontes
et braver les lâches terreurs du respect
humain ; se dérober à toutes les atteintes ;
esquiver tous les piéges ; échapper enfin au
naufrage, où les folles et mensongères illu-
sions, les séductions voilées ou déhontées,
les flatteuses et perfides amorces du monde
entraînent tant de pauvres jeunes gens,
souvent plus aveugles encore que crimi-
nels, plus malheureux que méchants.

Tandis que les jeunes Celtes, que les
écoles d'Autun attiraient alors en si grand
nombre dans cette ville, se jetaient à toutes
les voluptés, se précipitaient avec toute

l'ardeur inconsidérée de l'âge, tout l'aveuglement des passions déchaînées, dans le vain bruit, dans le tourbillon assourdissant, dans la fange recouverte de fleurs d'une société et d'une civilisation aussi corrompues que brillantes ; lui, calme et réservé sans affectation, sérieux sans tristesse, se plaisait à fréquenter les personnes sages, formées comme lui par les leçons de l'Evangile. Il aimait surtout à venir s'abriter sous le toit paternel, à se retremper, en se délassant, dans l'esprit de famille, dans les leçons et les tendresses de sa mère, à rafraîchir son cœur aux joies du foyer domestique, les plus suaves et les plus vraies qui soient sur la terre ; car les joies de la conscience et de la piété viennent du ciel. Il ne connaissait guère d'autres lieux que le petit oratoire des chrétiens, le palais de son père et celui des écoles. De sorte qu'on pouvait dire de lui comme du pieux patriarche de la captivité : Il ne dévia jamais du vrai chemin ; et tandis que tous couraient aux veaux d'or, aux idoles des richesses et de la sensualité, seul il savait se tenir à l'écart pour adorer et servir le Seigneur son Dieu, pour lui renouveler l'offrande des prémices de sa vie. « Les pécheurs », pouvait-il dire avec le Psalmiste, « m'ont attendu pour me perdre ; mais j'avais compris, Seigneur, et goûté votre parole. Ils m'ont raconté leurs fables ; mais que sont-elles en comparaison de votre loi ? » Jamais une démarche inconsidérée ne lui échappait ; jamais la moindre de ses actions ou de ses paroles ne sentait l'irréflexion. Aussi, quoique bien jeune encore, jamais il ne fit rien de puéril ; et toute sa conduite était dirigée par une sagesse si remarquablement précoce, que l'histoire ne manque pas de la signaler comme un des faits les plus caractéristiques de cette admirable figure. « Devançant les années », nous disent ses Actes, « Symphorien unissait la maturité d'un vieillard à l'aimable candeur d'un enfant ». Encore dans l'âge des fleurs, déjà il donnait les plus beaux fruits de la vertu, semblable à celui dont l'Écriture nous trace un si gracieux portrait par les paroles suivantes : « Bien jeune encore, je cherchais ouvertement la sagesse, j'en faisais l'objet de mes prières ; et la sagesse fleurit en moi comme une grappe précoce, et mon cœur en fut comblé de joie ». On admirait dans sa personne un harmonieux mélange de sagesse et de simplicité, de réserve enfantine et de grandeur d'âme, d'innocence et de gravité, de douceur et de force. Toutes les belles qualités, tous les talents de Symphorien étaient rehaussés par l'humble modestie, cette heureuse ignorance de soi-même qui ajoute à tous les charmes le charme le plus touchant et embellit toujours les dons les plus précieux.

Parmi les perles spirituelles qui ornaient sa couronne, il en est une surtout qui par son doux éclat captivait les regards, ravissait les cœurs, et que nous aimons à détacher un instant pour la présenter à la jeunesse chrétienne, la craintive et délicate pudeur. Un grand et saint pontife, saint Laurent Justinien, qui depuis en a fait l'éloge, ne semble-t-il pas avoir eu sous les yeux la belle figure de Symphorien, lorsqu'il traçait avec amour les lignes suivantes, esquisse immortelle d'une vertu qu'on croirait être une fleur du ciel tombée sur la terre : « La pudeur ou la crainte vigilante qu'inspire toute action déshonnête est la gloire du jeune âge. Qu'y a-t-il, en effet, de plus aimable qu'un adolescent pudique et modeste ? Oh ! que la pudeur est une perle brillante ! Où trouver un gage plus évident, plus sûr d'une bonne nature, un signe plus certain d'heureuses espérances? Cette vertu, sœur de la continence, met en fuite tout ce qui peut souiller l'âme. Il n'est pas d'indice plus manifeste de la pureté virginale, pas de témoignage plus fidèle de l'innocence intérieure. Elle est le flambeau de la chasteté éclairant sans cesse le sanctuaire de l'âme, et ne permettant pas que quoi que ce soit de souillé y établisse son séjour. La sainte pudeur est d'un prix inestimable ; c'est la gloire de la conscience, la sauvegarde de la réputation, l'honneur de la vie, la base de la vertu, les prémices des autres dons spirituels, le triomphe de la nature humaine, le principe de tout ce qui est honnête ».

CHAPITRE V

Cependant l'Eglise fondée par Bénigne, Andoche et Thyrse, avait grandi paisible et parée de toutes les vertus qui embellissaient les premiers âges de la foi. Mais voici que tout à coup aux jours de calme pieux succède la lutte jusqu'au sang. A la nouvelle que sa terre de Saulieu venait d'être sanctifiée par le sang des apôtres, ses amis, ses hôtes, ses bienfaiteurs, Fauste y courut la nuit suivante pour donner la sépulture à des morts si vénérés et si aimés. Son fils Symphorien voulut l'accompagner ; et depuis ce moment le saint jeune homme ne cessa d'aller prier en ce lieu sacré, cher à son cœur et à sa foi. « Il passait », disent les Actes de nos saints, « les jours et les nuits sur leur tombeau, et à peine pouvait-on l'en tirer ». Qui pourrait dire les pensées, les émotions profondes de son âme, au moment où il rendait un si touchant devoir à ces héros morts pour Dieu ? Sans doute il méditait leurs sublimes paroles, il invoquait leurs âmes à jamais bienheureuses, mais surtout il contemplait au ciel et enviait leurs palmes immortelles ; il rêvait pour lui-même de semblables trophées ; il lui tardait de saisir aussi la couronne du martyre, et en baisant avec le respect de la piété filiale la dépouille d'Andoche, le saint prêtre qui l'avait présenté au baptême, ne lui disait-il pas : « O vous qui m'avez fait chrétien et enrôlé dans la sainte milice, obtenez-moi la faveur de marcher sur vos traces ! Puisséje être comme vous apôtre et martyr ! » Il n'attendra pas longtemps l'effet de sa prière. Bientôt on le verra suivre au combat et au triomphe ses bienheureux pères, Andoche et Bénigne, qui l'attendent au sein de Dieu pour lui offrir le prix de la victoire, objet de ses vœux.

Symphorien, au sein de son heureuse famille, continuait à préparer en sa personne un modèle aux jeunes gens de tous les siècles par la culture de ces fleurs célestes appelées obéissance respectueuse, amour filial, humilité, douceur, charité, pudeur, modestie, qui sont la gloire de l'adolescence ; par la foi qui agrandit et surnaturalise l'âme ; par la lutte spirituelle et le courage évangélique qui l'éprouvent en l'exerçant, et qui l'affermissent dans la sainte obstination d'une conscience solidement attachée au devoir ; par l'ardeur généreuse de la jeunesse, unie à cette fixité des résolutions, à cette virilité inébranlable du caractère, à ces convictions bien arrêtées de l'âge mûr et à ces pensées calmes, à cette conduite mesurée de la vieillesse, que donnent les habitudes du christianisme pratique : *Senum anticipans vitam*. Aussi faisait-il de plus en plus l'admiration et les délices, non-seulement de son père et de sa mère, mais encore de toute la chrétienté éduenne, à ces jours de la foi primitive pourtant si féconds en saints. Loin de se démentir un seul instant, il n'a fait que se perfectionner davantage, et les Actes de son martyre qui le suivent jusqu'à son dernier moment, ont pu dire alors encore que les fidèles le regardaient comme un être presque surnaturel, « vivant dans la familiarité des purs esprits », dont il offrait ici-bas, par anticipation, la ravissante image.

On a vu que Symphorien , destiné aux luttes sanglantes de la foi, reçut de Dieu, avec une précoce sagesse et l'aimable innocence, la constance intrépide de l'âme la mieux ancrée dans les profondeurs de la foi. Or, le moment approche où nous allons voir combien lui était nécessaire et à quel degré il possédait cette vertu qui fait les héros de l'Evangile. En attendant, il préludait chaque jour au grand triomphe du martyre par ses pacifiques mais glorieuses victoires sur les passions mauvaises, sur lui-même, sur les séductions d'un monde corrompu et corrupteur. Tandis que les jeunes gens de son âge couraient aux fêtes licencieuses, lui ne cessa jusqu'à la fin de se dérober par une fuite courageuse et par toutes les précautions de la modestie aux périls qui menacent la pureté, ce lis d'une blancheur céleste, la plus belle, mais aussi la plus délicate parure de l'âge le plus beau. Le voilà donc aguerri pour de plus rudes épreuves, par ces combats journaliers de la vie chrétienne, contre toute attaque menaçant en lui l'amour de Dieu que son cœur étreignait avec énergie. Mais déjà il y a plus : ne l'avons-nous pas vu s'exercer même à braver la mort en allant avec Fauste à Saulieu recueillir les précieux restes d'Andoche, de Thyrse et de Félix sur le théâtre de leur martyre, et rendre, avec un courage égal, à son affectueuse vénération, les honneurs de la sépulture à ses pères spirituels ? Grâce à cette élévation surnaturelle de vue et de pensée que donnent la foi et l'espérance, l'horizon de son âme était plus grand que la terre : il ne voyait que le ciel et ne craignait rien de la part des hommes. Issu d'une race héroïque, l'héroïque adolescent avait donc manifesté de plusieurs manières cette force invincible qu'il portait dans son cœur, cette haute indépendance qui est le caractère et, pour ainsi dire, le génie de notre sainte religion, école et patrie de la seule véritable liberté, la liberté de l'âme, celle des enfants de Dieu. A dix-huit ou vingt ans, il montrait toute la fermeté d'un front chrétien que la croix a durci, non-seulement contre les fausses hontes et les lâches terreurs, mais encore contre les menaces et les craintes de la mort.

CHAPITRE VI

L'heure de la suprême gloire du martyre
était arrivée. Le saint jeune homme y est
dès longtemps préparé par son courage et
sa vertu. Il a vaincu le monde, l'ennemi de
son innocence ; il vaincra de même l'ennemi
de sa foi, l'ennemi de son Dieu. C'est avec
cet ennemi nouveau que nous allons le voir
aux prises. La persécution qui venait de
sévir à Lyon, à Tournus, à Chalon, à Dijon,
à Langres et jusqu'à Saulieu, planait mena-
çante sur Autun, attendant et cherchant des
victimes. Héraclius, personnage consulaire,
n'était pas resté en arrière des autres magis-
trats romains. Armé de l'édit impérial, il
avait fait annoncer publiquement que le
christianisme était proscrit, et que quiconque serait convaincu de ne pas adorer
les dieux de l'empire, paierait de sa tête

une audace regardée comme une rébellion
et un sacrilége. Par son ordre, on fit les
perquisitions les plus exactes, dirigées par
la sagacité la plus habile. Le zèle infernal
semblait vouloir défier le zèle apostolique.
Les chrétiens se virent donc obligés de
cacher avec un soin plus attentif que jamais
leurs pieuses réunions, d'ensevelir dans le
secret et dans l'ombre les augustes céré-
monies du culte. Sachant bien que les
païens, qui fuyaient l'idée et l'image de la
mort, visitaient peu les tombeaux, ils se
rendaient furtivement et de nuit au vaste
polyandre (1) de la *via strata*, et y célébraient
les mystères sacrés au milieu des tombes de
leurs frères, sans doute dans un des grands
monuments funèbres que l'orgueil y avait
élevés. On le transformait momentanément
en un oratoire placé sous l'invocation de
saint Pierre et de saint Etienne, le premier
des Apôtres et le premier des martyrs, pour
obtenir la force et l'humble soumission de
la foi qui fait obéir à Dieu, avec la force et
la courageuse persévérance de la charité
qui ne craint pas la mort. On le décorait

(1) Cimetière.

modestement de quelques flambeaux , de
quelques images de la Mère de Dieu et des
Saints ; on y plaçait une croix, un autel
portatif, avec les reliques d'un martyr ; et
puis tout disparaissait avant le jour. Ainsi
la demeure des morts servait de retraite
aux vivants persécutés et au vrai Dieu
proscrit comme ses adorateurs. Un cimetière était à Autun, comme les catacombes
à Rome, le funèbre et unique asile des premiers fidèles ; et dans la capitale des
Eduens, aussi bien que dans la capitale du
monde, le berceau du christianisme naissant
reposa au milieu des tombeaux. Ce qui
n'empêcha pas la foi d'y grandir d'abord
inaperçue et sans bruit ; puis, quand il lui
fut permis de se montrer au grand jour,
ceux qui l'avaient poursuivie à outrance et
s'étaient flattés de sa destruction, s'éton-
nèrent de la voir tout à coup sortir de la
terre , après plusieurs siècles de persé-
cutions, pleine de force et de vie. On la
croyait morte ; et la voilà qui apparaissait
toute rayonnante de jeunesse et d'une
céleste beauté, toute resplendissante de la
gloire de ses longs combats et de ses nombreux triomphes.

Le jeune Symphorien venait assidûment avec sa famille nourrir sa piété, fortifier sa foi dans ces assemblées nocturnes et si ferventes des premiers chrétiens. Se glissant comme les autres à travers les tombes des morts et les ombres de la nuit, il foulait d'un pied furtif et silencieux ce sol historique, ce sol sacré que nous ne devrions fouler qu'avec un religieux respect, et qui, après avoir reçu l'empreinte de ses pas, a mérité de porter son nom béni de toutes les générations depuis dix-sept siècles. Mais chaque fois qu'il se rendait en ce lieu, le jeune chrétien sentait son âme ardente et généreuse se révolter à la pensée que la vérité et la vertu étaient obligées de se cacher, comme les hontes du mensonge et du crime, et que le Dieu vivant n'avait pas même le droit de cité dans son aveugle patrie. Il fallait cependant se dérober aux regards scrutateurs de l'ennemi ; car tous les jours l'orage grondait plus fort et approchait. De fréquentes nouvelles de mort arrivaient aux fidèles d'Autun. Quelque temps après la belle lettre des chrétiens de *Lugdunum* (1) annonçant la grande bataille et la

(1) Lyon.

grande victoire, on avait appris coup sur coup la lutte courageuse de Marcel et de Valérien (1), et puis celle de Bénigne. Bientôt après était arrivé un autre message, semblable aux précédents, comme eux à la fois glorieux et triste : il racontait le martyre des deux compagnons du saint apôtre (2) et de Félix, leur hôte généreux. Symphorien ne se contenta point de leur donner des larmes vaines, comme ceux qui n'ont point d'espérance au cœur ni de force dans l'âme. Sa première pensée fut de les invoquer, et son premier sentiment, un désir ou plutôt un élan magnanime qui l'éleva d'un bond instantané et sublime jusqu'à la hauteur du martyre. Aussitôt il ambitionna une mort semblable et prompte pour aller plus vite retrouver au ciel les pères de sa foi. En attendant, sans craindre les édits, les espions, les menaces et la perspective des tourments, il courut incontinent à Saulieu avec son père recueillir le sang des martyrs, coller respectueusement sur leurs plaies ses lèvres frémissantes, les arroser de pieuses larmes et ensevelir les restes saints et chéris de ces

(1) L'un martyrisé à Châlon, l'autre à Tournus.
(2) Andoche et Thyrse.

victimes immolées à Dieu, que le sacrifice venait de consacrer. Il semblait que leur esprit fût descendu en lui, eût remué et fait palpiter de la surnaturelle ambition de les égaler toutes les fibres de son cœur. Pendant que Fauste, digne père d'un tel fils, écrivait de sa propre main, pour la consolation et l'édification de l'Eglise, l'histoire du dernier combat d'Andoche et de Thyrse, Symphorien, digne fils d'un tel père, ne pouvait se détacher du tombeau de ces saints apôtres qui lui avaient donné l'instruction chrétienne et la vie surnaturelle, ne cessant de demander par leur intercession la grâce d'imiter leur courage et de partager leur bonheur. Vit-on jamais une reconnaissance si touchante et si vive, une affection si filiale et si tendre, unie à une foi si forte et si courageuse, un cœur si aimant et si héroïque? Il ne savait pas, l'admirable jeune homme, que sa prière était déjà exaucée; et Fauste ne savait pas non plus qu'en ramenant son fils à Autun, après avoir rendu aux martyrs les derniers devoirs, il conduisait une victime à l'autel du sacrifice.

A peine rentré dans la ville, à son retour de Saulieu, il apprit que de nouveaux chrétiens venaient de donner leur sang pour Jésus-Christ. Cette fois le coup avait frappé dans sa famille, le glaive approchait de son cœur (1) : il crut presque en sentir le froid et frémit avec Augusta, en regardant Symphorien dont le front intrépide, noble et pur, semblait attendre une autre couronne encore que celle de la vertu, de la sagesse et de l'innocence. Mais les deux saints époux, levant aussitôt les yeux au ciel, renouvellent l'offrande que plus d'une fois ils ont déjà faite par avance, et se tiennent tout prêts pour le cas où Dieu viendrait à demander à leur amour le sacrifice d'Abraham.

Cependant de grandes pensées ne cessaient de monter à l'âme de Symphorien. Déjà la glorieuse mort de nos saints apôtres, les pères de sa foi, avait fait naître ou grandir dans son cœur le désir de mourir comme eux. Le nouvel exemple d'héroïsme chrétien donné par ses jeunes cousins fut comme une sainte contagion qui vint le frapper et pénétra jusqu'au plus intime de son être. Dès lors, cette généreuse émulation du mar-

(1) Léonille, sœur de Fauste, avait été avec ses trois petits-fils jumeaux, Speusippe, Eleusippe et Meleusippe, martyrisée à Langres.

tyre sembla le poursuivre, l'obséder à tous
les instants.

Bien qu'Augusta fût prête depuis longtemps à faire généreusement, s'il le fallait,
le sacrifice de ce qui lui était le plus cher au
monde, et qu'elle eût prévu, depuis le commencement de la persécution, que le moment où elle pourrait être appelée à consommer ce grand sacrifice ne tarderait sans
doute pas beaucoup ; pourtant elle sentit à
cette heure, avec une douloureuse appré-
hension et une poignante vivacité, tout ce
qu'il y aurait de cuisant pour elle à en
payer la gloire sublime de tout son bonheur
d'ici-bas, à en recueillir les mérites au
prix de l'agonie de son cœur de mère. Et
cette agonie semblait déjà commencer, avec
le terrible, pressentiment d'un avenir pro-
chain.

Symphorien, en appelant silencieusement
et humblement le martyre, n'a nulle pensée
de la haute et magnifique destinée qui l'attend. Il ne se doute pas que son nom doit
passer à la postérité, qu'il sera grand et immortel sur la terre comme au ciel, qu'il sera
partout vénéré, partout invoqué, inscrit
dans tous les martyrologes, célébré dans la

liturgie de l'Eglise universelle, donné à une superbe basilique et à une abbaye célèbre élevées sur son tombeau, ainsi qu'à une multitude d'églises ou d'autels. Il ne peut soupçonner que le lieu où reposera son corps sera rempli de la plus belle partie de l'histoire de l'Eglise éduenne ; que le plus bel idéal conçu par l'imagination sera donné comme une faible esquisse de son angélique figure ; que sa noble, sa sainte mémoire inspirera encore, après tant de siècles, le génie des plus grands artistes, et qu'un habile pinceau, se surpassant lui-même, créera un chef-d'œuvre qui reproduira sur une toile admirée de toute l'Europe l'histoire de son martyre plus admirée encore et plus admirable (1). Il ne pense qu'à remplir un devoir. C'est tout simplement un jeune et modeste chrétien, à l'âme grande et pure, au cœur droit et généreux, qui considère comme une chose toute naturelle d'obéir à Dieu plutôt qu'aux hommes et de rendre à son Créateur, quand elle lui est demandée, la vie qu'il en a reçue ; qui a lu dans l'Evangile qu'il ne

____

(1) Ce tableau se trouve à Autun, comme il est dit au chapitre X.

faut point trahir sa foi et rougir de Jésus-Christ. Il ne songe pas même qu'il y ait le moindre héroïsme dans une action qui lui paraît si juste et qui du reste ne fait que conduire à une vie meilleure, à un bonheur éternel.

Depuis ce jour, un an ne s'était pas écoulé, lorsque le temps marqué par la Providence arriva. Le fils de Fauste devait approcher de sa vingtième année. C'était le type du jeune chrétien, aux sentiments élevés, aux convictions fortes, à la foi inébranlable, plein de courage et de modestie, d'honneur et d'innocence, de distinction et de piété. Il n'a fait que marcher de progrès en progrès, il a grandi en âge, en sagesse et en grâce devant Dieu et devant les hommes. Maintenant donc la victime est prête : elle est couronnée de toutes les fleurs de la jeunesse, de la science, des talents et de la vertu. La voilà comme il faut : elle sera plus digne de Dieu, et le sacrifice sera plus grand, plus beau, plus méritoire. Jusque-là, un sang précieux mais étranger avait arrosé la terre éduenne. Ni la vieille race celtique, ni la race gallo-romaine d'Autun, n'avaient encore acheté l'honneur d'être chrétiennes. Il faut, il est temps qu'elles le paient : leur sang le plus noble, le plus généreux, le plus pur, le sang de Symphorien en doit être le prix. Ainsi sera lavée sur cette partie si importante du sol gaulois la tache immonde dont le paganisme l'avait souillée.

CHAPITRE VII

Le cours de l'année 180 venait de ramener le mois d'août, et toute la ville était en réjouissance ; car le retour de cette saison était toujours le signal de pompeuses fêtes qui se célébraient en l'honneur de Cybèle ou Bérécynthe, la plus chère divinité des Autunois, avec Minerve et les deux enfants de Léda. Le culte de cette déesse, qui n'était pas autre chose que celui des passions et des jouissances grossières et de l'esprit immonde, devait en effet, dans une cité à la fois licencieuse, opulente et lettrée, se mêler au culte des lettres et des arts. La fête de la prétendue mère des dieux trouvait donc naturellement de vives et profondes sympathies dans tous ces cœurs païens qu'elle flattait et entretenait dans leurs vices les plus caressés. Elle concordait si bien avec la civilisation fausse et corrompue, avec les mœurs d'une ville pleine de superstitions, de trésors et de voluptés ! Aussi une foule immense, dans le délire de l'orgie, ivre de plaisirs, de débauches et de fanatisme, remplissait les rues et faisait une digne escorte à l'image de la déesse portée triomphalement sur un char pompeux.

Symphorien gémissait de ces joies insensées, de ces hideuses et sacriléges folies, se rappelant alors, en bénissant Dieu qui l'avait préservé d'un tel aveuglement, ces paroles de la Sagesse : « Ils ne savent se réjouir qu'en perdant la raison : *Dum lœtantur, insaniunt* ». Le saint jeune homme fuyait ces misérables fêtes et ne permettait pas même que la simple vue du triste spectacle qu'il déplorait souillât de loin ses regards. Ce jour-là le hasard, ou pour mieux dire la Providence, permit qu'il rencontrât le profane et impur cortége. Aussitôt la rougeur lui monte au front, le zèle et l'indignation au cœur. La foi, qui est devenue en lui comme une seconde nature, qui s'est en quelque sorte identifiée avec son être moral ou plutôt qui l'a transformé en elle, trahit à l'instant même sa vivacité par un généreux élan, par un sublime instinct. Aussitôt la multitude en délire s'ameute, s'agite et crie à la rébellion, au sacrilège ; elle insulte, elle menace, elle demande vengeance et déjà fait entendre des paroles de mort. Lui, calme, inaccessible à la crainte comme au respect humain, bravant sans effort comme sans ostentation cette aveugle fureur, et regardant en pitié ce pauvre peuple du haut de sa foi, de sa charité et de sa grande âme, présente à l'émeute et à la colère ce visage serein, ce beau front intelligent et noble autant que candide, cet air céleste que tout le monde admirait. Maître de son âme qu'il tient élevée vers Dieu, immobile et sans fiel dans le cœur, il garde non le silence orgueilleux d'un dédain stoïque, mais le silence à la fois digne, bienveillant et humble, du chrétien qui se respecte, qui pardonne et qui est résigné d'avance, à l'exemple du divin Maître, ou ne permet à sa bouche que d'articuler des paroles fortes, mais douces. Toujours inébranlable, il ne cesse d'opposer à la menace toujours croissante l'intrépidité modeste d'un courage tranquille, la fermeté d'une conviction profonde, l'assurance que donne le sentiment intime du devoir accompli, la majesté de la vertu et la paix de la conscience. Cependant on accourt de toutes parts : la foule augmente, s'agite et mugit comme les flots d'une mer en courroux. Quelques-uns reconnaissent le fils de Fauste et s'étonnent. Mais la vile plèbe, qui dans ses colères ne respecte rien, ni le mérite, ni le rang, ni la naissance, se précipite sur lui en tumulte : on le serre, on le presse. « Tu as insulté la mère des dieux ! » lui crient alors mille voix forcenées. « Il faut que tu répares ton crime en adorant la déesse ». Et l'on semblait se préparer à l'entraîner vers l'idole. « Jamais », répondit Symphorien, avec une attitude pleine de dignité et de résolution, et d'un ton grave mais fortement accentué. A cette réponse, la populace redouble ses vociférations et fait entendre ces mots : « Il appartient apparemment à cette secte misérable, impie et rebelle qui méprise les dieux et les lois de l'empire. C'est un chrétien ! c'est un chrétien ! » — « Eh bien ! oui, je le suis », reprit l'intrépide jeune homme, « et je respecte trop en moi ce nom, cette honorable qualité, pour courber le genou devant une vaine et impure idole qu'en effet, comme vous le dites, je méprise et j'abhorre ». Incapable de dissimuler sa foi et trop heureux de pouvoir lui rendre ce premier témoignage public, Symphorien a compris que l'occasion qu'il appelait de tous ses vœux est enfin arrivée, que les desseins de Dieu sur lui se manifestent, et qu'il a dû déchirer tous les voiles.

Sur-le-champ il est arrêté et conduit tumultueusement devant le proconsul, comme impie et séditieux. — « Ton nom et ta condition ? » dit, en s'adressant à l'accusé, Héraclius assis sur son tribunal. — « Je m'appelle Symphorien et je suis chrétien ». — « Tu es chrétien !... Il faut que tu aies bien su te cacher, à ce qu'il paraît ; car il était difficile qu'il y eût beaucoup de ces gens-là ici. Pourquoi as-tu refusé avec un insultant mépris d'adorer la mère des dieux ? » — « Je viens de te le dire, je suis chrétien et je n'adore que le vrai Dieu qui règne au ciel. Quant à ce simulacre du démon, non-seulement je ne l'adorerai jamais, mais à l'instant même, si tu me le permets, je vais le réduire en poudre ». — « Il affecte une impiété sacrilége jointe à la rébellion... Greffier, est-il citoyen de cette ville ? » Le greffier répondit que l'accusé était en effet d'Autun et même d'une des premières familles de la cité.

En ce moment le proconsul, qui d'abord avait été ravi de trouver l'occasion de faire un exemple, semblait éprouver quelque hésitation. On dirait presque qu'il n'eût pas été fâché d'échapper à cet embarras et qu'il désire sauver le jeune patricien traduit malencontreusement devant son tribunal. Il reprit donc, sans toutefois rien laisser percer, l'interrogatoire en ces termes : « Il paraît, Symphorien, que tu te fais un jeu et une gloire d'afficher une certaine indépendance de caractère. C'est sans doute ta naissance qui t'inspire cette présomption. Peut-être aussi que le désir seul de faire du bruit t'a jeté dans une secte maudite et poussé aujourd'hui à cette esclandre ? Mais tu ignores probablement l'édit du prince. Que le greffier en donne lecture ».

Après cette lecture, le juge reprit : « Eh bien ! Symphorien, qu'as-tu à répondre à cela ? Penses-tu que nous puissions aller contre des ordres si formels ? Or, il y a précisément contre toi les deux chefs d'accusation qui tombent sous le coup de l'édit

impérial : tu es convaincu de sacrilége pour
ton mépris à l'égard des dieux, et de rébellion à l'égard des lois. Si donc tu ne te sou-
mets, la mort doit expier ce double crime :
les dieux outragés et les lois violées deman-
dent ton sang ». — « Non, jamais », répondit
Symphorien, « je ne regarderai cette statue
que comme un vil simulacre, un funeste ins-
trument du culte diabolique, une exécrable
image du démon, une peste publique, un
moyen inventé par l'enfer pour la perte des
hommes. Comment donc pourrais-je lui pros-
tituer mon hommage ? Je sais aussi que tout
chrétien qui a le malheur de retourner en
arrière, pour se livrer à de criminelles et
infâmes passions, marche droit à l'abîme. En
reculant, il sort de la voie droite, tombe
aussitôt dans les piéges de l'ennemi du genre
humain et perd la récompense qui l'attend.
Car notre Dieu a des prix pour la vertu,
comme il a des châtiments pour le crime : il
donne la vie à ceux qui lui obéissent et la
mort à ceux qui lui sont rebelles. Ne vaut-il
pas infiniment mieux pour moi persévérer
avec une fermeté inébranlable dans la con-
fession de ma foi et arriver ainsi au port où
m'attend le Roi éternel, que de faire, en sui-

vant le démon qui ne veut que mon malheur, un mortel et irréparable naufrage? »
— « Puisque Symphorien refuse d'obéir et
ajoute à sa faute l'obstination, licteurs, bat-
tez-le de verges et conduisez-le en prison »,
dit le proconsul, espérant sans doute qu'une
douloureuse et infamante flagellation, la so-
litude, l'obscurité, l'ennui du cachot, le
temps, la réflexion, triompheraient de ce
qu'il appelait une boutade d'un moment, une
ostentation, une bravade de jeune homme.
Il ne savait pas encore ce que c'était qu'un
chrétien : il commence à l'apprendre, il le
saura bientôt.

L'ordre d'Héraclius s'exécute à l'instant.
Le noble fils de Fauste fut donc battu de
verges, comme un vil esclave, et jeté couvert de chaînes dans une horrible et téné-
breuse prison. Mais le Dieu qui sait donner
à ses fidèles serviteurs une consolation pour
chaque douleur ne l'y laissa pas seul : il y
descendit avec lui, selon l'expression de
l'Ecriture, et allégea le poids des fers. Aussi,
loin d'éprouver au milieu des souffrances
et dans cet abandon des hommes la moindre
défaillance de courage, le jeune martyr
semblait ne pas sentir les angoisses qui, à

cet affreux moment saisissant les âmes vulgaires, les tiennent désespérées sous leurs
cruelles atteintes, les serrent, les abattent
et les écrasent. Accoutumé à vivre par la
meilleure partie de lui-même avec le ciel
plutôt qu'avec la terre, il reposait calme
dans une pieuse et douce résignation; il
dilatait son cœur dans la joie héroïque
d'avoir été jugé digne de subir, à l'exemple
et pour l'amour du divin maître, la douleur
et l'ignominie de la flagellation; il l'élevait
par la prière, ce sublime entretien avec
Dieu, cette infaillible ressource, cette suprême consolation qui ne manque jamais au
chrétien, quand toutes les autres lui ont fait
défaut sur la terre. Il offrait à Jésus-Christ
ses premières douleurs, prémices de son
martyre; le remerciait de l'avoir soutenu
dans cette première lutte; lui demandait de
vouloir bien le soutenir encore, de lui ins-
pirer, pour la gloire de l'Evangile, les paroles vigoureuses qu'il devra jeter publiquement à la face des païens, contre leur culte
et les honteuses passions déifiées par ce
culte abominable : lui promettant, avec le
secours de sa grâce, de ne pas retenir ses
paroles captives, mais de parler toujours et

jusqu'au dernier soupir, comme un chrétien doit parler, de l'idolâtrie et de ses criminelles turpitudes. Nous verrons bientôt comment il tint sa promesse.

CHAPITRE VIII

JUGEMENT DE SAINT SYMPHORIEN — SA CONDAMNATION A MORT

Cependant plusieurs jours s'étaient écoulés. Le proconsul, espérant que le jeune et
fier patricien, son prisonnier, avait eu assez
de temps pour faire de sérieuses réflexions
et apprécier la témérité de sa conduite
aussi bien que la gravité du danger qui le
menaçait, ordonna qu'il comparût de nouveau. On va donc prendre au milieu des ténèbres et d'un horrible et sombre réduit,
disent les Actes du martyr, celui dont l'âme
doit bientôt retourner, comme un pur rayon,
au foyer de la divine lumière, son origine
et sa source. Il sort du fond étroit et ténébreux d'un cruel cachot pour aller habiter
le palais du roi de gloire, séjour d'un bonheur immense et d'une éternelle clarté. Le
voilà, continue l'histoire, pâle et amaigri.
Les nœuds formés par les liens qui l'enla-

cent ne serrent plus que faiblement ses membres exténués, meurtris et livides. Déjà il a commencé à mourir sous les coups des verges, sous le poids des chaînes et dans l'horreur d'une prison meurtrière : lents supplices, morts répétées, auxquelles l'effusion du sang, qui est la dernière, ne fait que mettre un terme. Mais tandis que dans cette longue agonie des souffrances sa vie s'écoulait ainsi goutte à goutte, son âme avait trouvé dans la joie solitaire et sublime de sa conscience, dans le courage surnaturel qui anime le chrétien, dans la grâce qui le fortifie et le console, une nouvelle vigueur, un nouvel élan : elle semblait habiter le ciel par avance et oublier les douleurs du corps dans la jouissance anticipée de la félicité éternelle. Héraclius, pour triompher plus sûrement cette fois, ne néglige rien et apprête des armes nouvelles. « Adore les dieux immortels », dit-il, « et je te promets un emploi éminent dans l'armée avec une riche gratification sur le trésor public. Il me semble que tu ferais beaucoup mieux, au lieu de t'obstiner à vouloir mourir, d'accepter les propositions que je te fais en ce moment. Tu n'as qu'à courber le genou devant la statue vénérable de la mère des dieux, qu'à rendre tes hommages à Apollon et à Diane. Si tu veux, parle ; et je vais à l'instant même faire orner de guirlandes les autels de ces trois grandes divinités. On te présentera l'encens et les parfums, et tu offriras un sacrifice solennel ». — « De telles paroles », répondit Symphorien, « te siéent bien mal ; un magistrat ne doit point consumer en discours frivoles un temps qui appartient tout entier aux affaires publiques, et différer la sentence en prolongeant inutilement les débats. Je l'ai déjà dit, jamais je n'adorerai de misérables idoles ; car je sais trop que, s'il est dangereux de rester un seul jour sans avancer dans la voie droite qui conduit au salut, il l'est bien plus encore d'aller, en s'écartant de la route, se briser contre les écueils du vice où périssent les pécheurs ».

Le proconsul, étonné de voir déjouer ses calculs, continua pourtant à user de la même tactique qui venait d'échouer d'une manière si complète ; et, soit qu'il voulût pouvoir sauver le noble accusé, soit plutôt qu'il eût honte de s'avouer déjà vaincu, il tenta un nouvel effort, en faisant des offres plus séduisantes encore que la première fois, et reprit avec un calme apparent : « Sacrifie aux dieux, Symphorien, et tu seras comblé d'honneurs dans le palais même du prince, où tu occuperas une place digne de ta naissance », Symphorien lui répondit : « Un juge souille le tribunal où il est assis, avilit sa dignité, dévoue sa vie à la malédiction, à l'opprobre, et son âme à la mort éternelle, lorsqu'il ose employer à séduire ou à frapper l'innocence l'autorité dont il est revêtu pour punir le crime. Au reste, quant à moi, je ne crains pas la mort ; car nous devons tous mourir, Héraclius. Pourquoi donc n'offririons-nous pas à Jésus-Christ comme un don de notre amour ce qu'il faudra lui payer un jour comme une dette ? Je ne me laisserai pas non plus gagner par de fallacieuses promesses. Je sais ce que valent toutes les faveurs que tu m'offres : tes présents ne sont que des poisons cachés sous l'apparence d'un miel trompeur. Malheur à ceux qui se laissent prendre à ces dehors mensongers ! Pour nous, chrétiens, nos richesses sont en Jésus-Christ. Incorruptibles et impérissables, elles échappent à l'action destructive du temps : la mort même ne peut nous les ravir. Au lieu que la cupidité, passion funeste, inspirée par le démon et séduite par l'appât d'un misérable lucre, en paraissant posséder tout, ne possède rien ; parce que vos richesses et vos joies vous échappent à chaque instant. Elles ont l'éclat du verre, mais elles en ont aussi la fragilité. Toutes les choses terrestres passent vite : le moindre accident nous les fait perdre, ou bien les années, les jours viennent bientôt nous les enlever. Au ciel, en Dieu seul se trouve la vraie et constante béatitude. L'antiquité la plus reculée n'a pas vu le commencement de sa gloire et toute la suite des siècles futurs n'en amènera pas la fin ». — « Il y a assez et trop longtemps, Symphorien, que j'ai la patience de t'entendre discourir de je ne sais quel Christ. Sacrifie à la mère des dieux ; ou bien aujourd'hui même les tortures et la mort ». — « Je ne crains que le Dieu tout-puissant qui m'a créé : je n'adore, je ne sers que lui. Tu as pour un moment pouvoir sur mon corps ; mais mon âme est hors de tes atteintes. Quant au culte de cette idole, ne vois-tu pas que ce n'est qu'une monstrueuse superstition qui fait ta honte, ton opprobre et ton crime ? D'impurs jeunes gens offrent comme un hommage leur infamie à la déesse; des prêtres sacriléges, honorant le vice sous le voile de la religion, osent appeler sacrifice une exécrable abomination ; et ce qui comble la mesure, pendant que toutes ces horreurs s'accomplissent, d'affreux corybantes en délire exécutent, dans des concerts frénétiques, des danses et des chants pour les célébrer et y applaudir ! »

Héraclius, trompé et vaincu, outré d'un secret dépit, plein d'une sombre fureur et n'y tenant plus, interrompit brusquement le martyr par ces paroles de mort, la dernière raison des persécuteurs : « Symphorien, en refusant publiquement de sacrifier aux dieux de l'empire, en insultant ouvertement à leur culte, à leurs autels, est convaincu du crime de sacrilége et de rébellion, de lèse-majesté divine et humaine. Qu'il ait la tête tranchée. Qu'ainsi le crime disparaisse avec le criminel; qu'ainsi l'injure faite à la religion et aux lois soit vengée ».

Symphorien entendit l'arrêt fatal, avec ce même courage humble, calme et digne que nous lui avons déjà vu, qui exclut l'ostentation comme la faiblesse et fait le caractère distinctif des cœurs vraiment grands, des âmes chrétiennement fortes. Il s'y attendait, et son sacrifice était fait d'avance; mais à cet instant décisif il offrit de nouveau sa vie à Dieu, et dès lors ses pensées ne furent plus sur la terre. Cependant il laisse ici-bas un père et une mère bien-aimés. Les oublie-t-il ? Non, sans doute, et son cœur parle bien haut; car la foi n'étouffe pas la nature dont elle n'est que le perfectionnement. Elle vient au contraire à son secours dans les heures difficiles pour la consoler, la soutenir, la transformer en l'élevant à sa hauteur. L'âme chrétienne formée par la religion de celui qui s'appelle l'amour même, est plus ouverte que nulle autre à toutes les affections légitimes. Pour Symphorien si pieux, et par conséquent si aimant, la séparation est donc bien triste et vivement sentie. Elle lui fait éprouver dans son cœur de fils la douleur aiguë du déchirement de trois cœurs; elle serait intolérable, désespérante, si la foi ne lui disait aussitôt qu'elle n'est que momentanée et semblable à celle des voyageurs qui, partant de la terre étrangère les uns après les autres, un peu plus tôt ou un peu plus tard, sont assurés de se revoir bientôt dans la patrie. Pour lui, en ce moment où le monde semble déjà se dérober sous ses pas, l'amour filial comme tous les autres sentiments est devenu céleste, parce que sa conversation, selon la magnifique expression de l'Apôtre, est tout entière dans les cieux.

CHAPITRE IX

SAINT SYMPHORIEN EST CONDUIT AU SUPPLICE
— SON MARTYRE

Cependant tout se prépare pour l'immolation de la jeune et innocente victime qui venait d'être vouée à la mort, ou plutôt tout s'apprête au ciel et sur la terre pour le triomphe du vaillant soldat de Jésus-Christ qui, déjà vainqueur dans les premiers combats, allait recevoir la palme en marchant à une nouvelle et dernière victoire.

Voilà donc la grande scène du sacrifice qui commence. En face d'une foule immense, avide de spectacles et surtout de spectacles sanglants, Symphorien est debout, calme et recueilli dans la prière. On dirait qu'il ne voit, qu'il n'entend rien. A cette heure solennelle, le front du jeune héros brille plus que jamais de ce je ne sais quoi d'indicible qui ravit la terre, et semble tenir plutôt de l'ange que de l'homme. Bientôt les licteurs,

élevant leurs haches et leurs faisceaux,
signes de la puissance, se placent à ses côtés, les uns à droite, les autres à gauche.
En avant et en arrière on voit des soldats
et des officiers d'Héraclius. Le proconsul
lui-même est à cheval, prêt à commander
la marche : on n'attend que son ordre pour
se diriger vers le lieu des exécutions, par la
grande rue aboutissant du prétoire à cette
porte qui élève encore aujourd'hui ses su-
perbes arceaux et a reçu des siècles chrétiens le nom de Saint-André. Au signal donné
tout s'ébranle, et les flots pressés de la
multitude s'ouvrent, en frémissant. Au delà
et près de la porte, sous les murs de la cité,
s'étend le long de la voie de Langres le champ
public. C'est là que doit tomber la tête du
martyr; car, d'après les lois romaines, les
exécutions capitales ne se font point dans
l'enceinte des remparts.

Cependant on approche du terme fatal.
Voici les remparts avec la grande porte qui
les domine. Déjà Symphorien a pu aperce-
voir à travers les larges arceaux le lieu dé-
signé pour son supplice; mais il n'a point
tremblé... Tout à coup une femme accourt...
C'est Augusta, c'est sa mère. Fauste peut-

être et quelques amis l'accompagnent. Comme la mère de Jésus, elle a voulu assister à la passion de son fils. Mais que va-t-elle faire ? La nature l'a-t-elle emporté sur la foi dans son cœur maternel ? Vient-elle attendrir par ses larmes ce fils bien-aimé qui s'est courageusement obstiné à vouloir mourir ? Les païens qui la voient et qui disent : « Voilà la mère du chrétien ! » le pensent sans doute. Mais non : elle saura comprendre et remplir jusqu'à la fin ses grands devoirs, son rôle vraiment surnaturel ; jusqu'à la fin elle sera telle que nous l'avons toujours vue, femme vraiment forte, mère tendre et dévouée, mère héroïquement chrétienne, ou plutôt elle va se surpasser elle-même. Armée de tout le courage de sa grande âme et de sa foi plus grande encore ; s'arrachant à sa demeure, à sa famille, à sa douleur qui aurait désiré comme toutes les grandes douleurs rester muette et solitaire pour se nourrir d'elle-même ; renonçant même aux consolations intimes d'une prière versée secrètement dans le sein de l'unique Consolateur, loin des regards et loin du bruit, elle est venue voir une dernière fois Symphorien et le suivre jusqu'à la mort. Elle ne craint pas de traverser la foule des curieux et des indifférents; elle brave l'impitoyable et insolente populace, les licteurs, l'aspect des armes, la présence, l'air sévère, dur et menaçant du persécuteur des chrétiens, du bourreau de son fils. Que sont pour elles les dangers et les haines frémissantes ? Elle n'y pense même pas. Elle s'est dit : « Symphorien, à ses derniers moments, en face de la mort, aura peut-être besoin d'une consolation, d'un encouragement, d'une sainte parole. Seul, au milieu des exécuteurs et de l'appareil du supplice, il sera bien aise d'entendre une voix amie qui lui parle de Dieu. Et quand il m'aura vue, moi sa mère, l'exhorter une dernière fois à mourir pour Jésus-Christ, il ira d'un pas plus ferme encore et plus joyeux consommer son sacrifice; et moi je serai plus sûre de ne l'avoir enfanté que pour le ciel ».

C'est pourquoi elle se hâte, en fendant la foule étonnée qui s'ouvre par un respect instinctif pour sa douleur, elle s'approche de ce même rempart dont les ruines éloquentes et à jamais consacrées par un si grand spectacle sont encore aujourd'hui sous nos yeux. Tout à coup, au moment où Sympho-

rien vient de franchir la porte, une voix
s'élève et fait taire les clameurs de la multitude qui regarde et reste frappée, ébahie,
dans l'attente du dénouement de cette scène
émouvante. La mère du martyr s'est pen-
chée sur le parapet ; et là, nouvelle Macha-
bée, elle lui adresse avec un indicible ac-
cent, avec la force et la douceur d'un céleste
enthousiasme, ces paroles que l'Eglise a
rendues deux fois saintes, deux fois immortelles en les adoptant dans sa liturgie :
« Mon fils ! mon fils ! Symphorien ! pense
au Dieu vivant. Courage ! cher enfant, courage ! Pouvons-nous craindre la mort, la
mort qui conduit indubitablement à la vie ?
Lève ton cœur en haut, mon fils ; vois celui
qui règne au ciel. Non, la vie ne t'est point
enlevée : c'est aujourd'hui au contraire
qu'elle est transformée pour toi en une vie
meilleure ; aujourd'hui que tu vas, mon fils,
par un heureux échange, recevoir pour cette
vie périssable la vie éternelle des cieux ! »

Symphorien a reconnu la voix de sa mère.
Il se retourne et lève vers elle et vers le
ciel, avec une expression qui semble être
par avance celle de la vision béatifique, ses
yeux et ses mains, dont une ensuite s'abaissa

pour se poser sur son cœur et dire ainsi à
sa mère plus que sa bouche n'aurait pu lui
dire. Ce fut là en effet sa seule mais éloquente réponse. Augusta l'a comprise ; elle
a vue l'âme de son enfant déjà presque dé-
tachée du corps passer tout entière dans ce
geste sublime de foi, de reconnaissance et
de piété filiale, dans ce regard à la fois
tendre et illuminé d'un éclat divin, sur ce
front angélique tout rayonnant d'espérance
et d'amour, sur ce visage transfiguré du
héros chrétien qui est son fils. Il lui a sem-
blé voir briller déjà autour de sa tête l'au-
réole des martyrs unie à celle des vierges
et son bras s'étendre pour saisir la palme et
la couronne que lui apportent ses frères du
ciel. Elle a donné, elle a reçu la suprême
consolation ; son dernier devoir et le dernier vœu de son cœur étaient remplis, son
sacrifice consommé. Résignée, soumise à la
volonté divine, mais émue, tremblante et
tout ébranlée du choc des deux plus forts
sentiments qui peuvent se heurter dans une
âme humaine ; mère à la fois bien heureuse
mais bien affligée, et toute palpitante, elle
jette encore du haut des murs sur son fils
un long regard plein de larmes, elle renou-

velle à Dieu l'offrande de cette tête si chère
qui va tomber sous le glaive des Romains,
et se retire en le remerciant de l'avoir
choisie pour donner le jour à un martyr.
Après cet effort surhumain de la foi contre
la nature, saintement fière mais brisée, toujours chrétienne mais aussi toujours mère,
elle va se cacher dans le secret de la face
du Seigneur et répandre dans les cœurs de
Jésus et de Marie, qui eux aussi avaient
connu les grandes douleurs avec les grands
dévouements, ses soupirs résignés et ses
larmes, ce sang de son cœur maternel
qu'elle mêlait au sang de son fils, en même
temps que Fauste, animé de la foi d'Abraham, faisait aussi dans les plus secrètes profondeurs de son âme de chrétien et de père,
avec un effort d'une spontanéité généreuse,
il est vrai, mais incalculable, le sacrifice
déchirant de l'unique et cher objet de ses
espérances que Dieu venait de lui demander.
Bientôt on arrive au lieu de l'exécution.
Plein de son propre courage et du courage
de sa mère, Symphorien se jette à genoux,
joint les mains et prie, en attendant le coup
fatal qui va briser son enveloppe mortelle.
Son cœur ne donne pas un regret aux jouis-

sances de cette vie terrestre, aux espérances qui dorent l'horizon du jeune âge. Les chrétiens, l'âme pleine des émotions de l'attendrissement et d'un religieux respect, sans souffle et sans voix, les yeux attachés sur le martyr, unissent leurs prières aux siennes. Déjà ils croient voir briller sur son front une couronne qui descend des cieux, et Dieu semble lui sourire. Enfin il a offert une dernière fois sa vie, il a pu dire encore : « Seigneur, je remets mon âme entre vos mains ; ô Jésus, recevez-la ! » Puis il incline doucement la tête et tombe avec une simplicité sublime, sous les yeux de cette foule moins agitée peut-être en ce moment suprême et solennel par la haine et la colère, que palpitante de pitié et d'admiration ; presque sous les yeux de sa mère, pleurant des larmes surnaturelles d'amour et de joie, saintement fière du jeune vainqueur à qui elle a donné le jour, le contemplant et l'invoquant déjà comme son ange tutélaire au séjour de la gloire. C'en est donc fait, la victime est immolée : sa tête vient d'être tranchée par le glaive, et son âme, qui planait au-dessus de la terre et dont la terre n'était pas digne, est déjà au ciel. Elle s'y est envolée avec sa dernière prière mêlée à son dernier soupir, le 22 août, vers l'an 180. Symphorien n'est plus de ce monde ; pour employer un terme vulgaire, il est mort, mais de la mort des héros, de la mort des saints, de la mort qui rend immortel.

CHAPITRE X

Saint Symphorien a été représenté par les artistes dans cinq circonstances : son baptême, son jugement, le moment où il est exhorté par sa mère, celui où il reçoit la mort, enfin sa béatitude au ciel. La célèbre abbaye de Saint-Bénigne à Dijon possédait un groupe d'une haute antiquité, placé dans la chapelle de Saint-Grégoire, à quelques pas de l'autel de Saint-Irénée. On y voyait le jeune fils de Fauste recevant de saint Bénigne le baptême par immersion et par infusion tout ensemble. Cette figure était fort instructive : elle montrait de quelle manière se donnait autrefois le baptême. Saint Symphorien y était représenté dans un vaisseau (une cuve baptismale) dépouillé de ses vêtements jusqu'à la ceinture. Sur les bords de ce vase, il y avait un linge qui apparemment était mis là pour couvrir le saint au sortir de la piscine sacrée. A côté, saint Bénigne, revêtu de ses habits sacerdotaux comme pour dire la messe, tenait une aiguière dont il versait de l'eau sur l'enfant. Il était assisté d'un autre prêtre (saint Andoche), habillé comme lui et la tête rasée, avec un petit cercle de cheveux, tel que le portaient la plupart des religieux. Malheureusement ce groupe qui servait comme de voix à l'histoire, aux traditions bourguignonnes, à l'antique liturgie, n'existe plus. Il a été détruit par la Révolution. La chapelle de Saint-Symphorien, à la cathédrale d'Autun, est ornée d'un tableau représentant aussi l'intéressante inauguration de l'apostolat des disciples de saint Polycarpe en ces contrées par le baptême de notre jeune et illustre martyr. L'enfant est sur le bord de la fontaine régénératrice, et saint Bénigne, revêtu des ornements sacerdotaux, appelle sur lui les bénédictions célestes qui devaient être si abondantes.

L'église de Massangis (diocèse de Sens) possède trois belles verrières (1) qui représen-

____

(1) Ce qui ajoute encore à la valeur vraiment artistique de ces verrières, c'est qu'elles sont le

tent : l'une, saint Symphorien recevant le baptême des mains de saint Bénigne assisté de saint Andoche : Fauste et Augusta, le père et la mère de notre saint, sont là, heureux et attendris, en voyant ce qui se passe. La seconde, celle du milieu, représente le jeune martyr comparaissant devant Héraclius, gouverneur d'Autun. Il est placé entre deux bourreaux, aux regards farouches et à l'air menaçant. L'attitude du saint est fort digne et fait deviner les sentiments qui se pressent dans son âme. Enfin, la troisième nous le montre recevant le coup mortel sous les yeux de sa mère qui du haut des remparts l'exhorte au martyre, et en présence de l'officier public qui est là pour constater officiellement l'exécution de la sentence.

Au-dessus du maître-autel, dans l'église de Saint-Jean-d'Angle (diocèse de la Rochelle), un tableau représente le Saint dans cette circonstance si remarquable où ses actes nous le montrent déployant en présence de son juge une fierté modeste autant

____

résultat d'une souscription qui, à peine annoncée, a été presque aussitôt couverte et au delà, grâce à la générosité des religieux habitants de la paroisse.

qu'indomptable, une franchise éloquente et ferme, une magnanimité sublime. On y voit le jeune martyr devant Héraclius, entouré de licteurs, et sa mère qui l'encourage à la persévérance en lui montrant le ciel.

On voit à la cathédrale d'Autun un tableau représentant le martyre de saint Symphorien. Au centre du tableau, le Saint est dans une attitude exprimant l'énergie, le dévouement et en même temps le calme de la foi ; il a le visage tourné vers sa mère qui, du haut des remparts et entourée de son époux et de ses familiers, exhorte avec feu son fils à persévérer dans son héroïque résolution ; derrière lui, le proconsul, vêtu de la pourpre, désigne de la main le lieu où doit s'accomplir le sacrifice ; — à gauche du proconsul, marche un prêtre vêtu de blanc et ayant devant lui une petite fille la tête couronnée de fleurs et tenant dans ses mains la boîte aux parfums ; — un peu en avant du martyr, les licteurs aux formes athlétiques portant les faisceaux et les insignes de l'autorité ; l'un d'eux, tourné vers son maître, semble à la fois recueillir ses ordres et écouter les paroles que la mère de Symphorien fait entendre ; l'autre, qui n'obéit qu'avec peine, indique, par l'affaissement de son bras et la douleur morale qui attriste son visage, la sympathie que lui inspire le héros chrétien à la mort duquel il va participer ; — autour de ces personnages principaux, la foule se presse, animée de convictions et d'intentions diverses : à la gauche du Saint, un jeune garçon ramasse un caillou et regarde la mère héroïque, comme s'il voulait en faire le but de sa colère ; derrière le proconsul, un jeune patricien à cheval, dans une attitude arrogante, fixe les yeux sur *Augusta,* comme pour défier sa foi ; de l'autre côté, un centurion repousse de sa pique la cohue importune ; çà et là, quelques têtes indiquent cette curiosité brutale que ne manque jamais d'exciter le spectacle d'un supplice ; mais il est facile de voir que presque tous les témoins de cette scène grandiose se sentent gagnés par le courage et la ferveur de ce jeune chrétien dont la tête pâle va rouler sous leurs yeux ; ils admirent instinctivement une religion qui donne assez de force pour tout quitter, mère et famille, riantes promesses d'une vie fortunée et d'une jeunesse en sa fleur. Nous citerons, comme exprimant plus particulièrement ce prosélytisme, le personnage placé à l'angle gauche du tableau : ses cheveux et sa barbe sont incultes ; il est couvert de vêtements grossiers ; sa main se crispe sur sa poitrine ; la foi s'installe violemment dans son âme. A ses côtés, un bel enfant nu montre à la fois sa pitié pour le martyr et sa haine pour les bourreaux. Derrière eux, une jeune femme fixe sur Symphorien ses yeux pleins d'angoisse ; elle semble se dire avec effroi, en sondant l'avenir, que l'enfant qu'elle nourrit encore de son lait et qu'elle serre dans ses bras pourra aussi, quand il sera en âge de penser et de lutter pour ses croyances, lui être arraché et conduit au supplice.

Trois tableaux représentent le bourreau consommant le sacrifice de la sainte victime en lui tranchant la tête et permettant à sa belle âme de s'envoler au ciel. L'un est dans la cathédrale de Saint-Flour. — Le deuxième est une peinture sur verre que l'on voit encore dans la célèbre église abbatiale de Saint-Denis près Paris. Le vitrail où elle se trouve, orne la chapelle qui est sous le vocable de saint Hippolyte, la troisième du côté du nord. On y remarque une espèce de petit médaillon carré d'environ trente centimètres. A gauche est une tourelle : l'artiste a voulu probablement représenter une des portes de la ville pour rappeler ce que l'histoire dit de la mère de saint Symphorien, exhortant du haut de cette porte son fils au martyre. A droite, on voit deux arbres ; sur le plan du milieu, le bourreau armé d'un glaive et le Saint tendant la tête au bourreau, un genou à terre et les deux mains croisées appuyées sur l'autre genou. — Le quatrième tableau représentant la décollation de notre Saint est dans l'église de Saint-Symphorien-de-Lay. On voit le jeune martyr à genoux le cou nu et les yeux fixés sur un ange tenant une couronne à la main. En face de lui est le proconsul qui montre la statue de Cybèle ; derrière, le bourreau, le bras armé d'un glaive et déjà levé pour frapper.

Deux peintures le représentent au ciel. L'une est un tableau qui orne le maître-autel de l'église de Maraussan. L'autre est une peinture murale, sur un fond d'or, qui décore la voûte absidale de la chapelle récemment élevée dans l'enclos de la maison de campagne du grand séminaire d'Autun, au lieu même où fut autrefois la basilique de de l'abbaye de Saint-Martin, et avant elle l'ancien temple de Saron, changé par le pontife-apôtre en une église chrétienne. L'habile artiste a représenté au milieu des splendeurs de la gloire éternelle Notre-Seigneur ayant à côté de lui, d'un côté le jeune martyr d'Autun, et de l'autre le grand évêque de Tours. Tous deux prient pour les jeunes lévites qu'ils contemplent avec intérêt du haut de la céleste patrie, se préparant à entrer dans le bataillon sacré de l'Eglise militante, pour mériter aussi des couronnes dans l'Eglise triomphante.

L'église de Crissey, paroisse sous le vocable de saint Symphorien et autrefois à la collation du Chapitre de Saint-Vincent de Chalon, possède un remarquable vitrail qui résume presque toute l'iconographie du martyr. Ce vitrail porte la date de 1525. Il occupe le fond de l'abside du chœur. Quoique mutilé en partie, il offre encore quatre panneaux fort intéressants. Le premier représente le baptème de saint Symphorien. On lit en caractères gothiques de l'époque : *Symphorianus baptizatur*. Le jeune fils de Fauste est revêtu d'une robe blanche et plongé dans une cuve baptismale. Dans le

second, le Saint vêtu d'une robe rouge est
conduit devant la statue de Vénus placée
sur une colonne : *Ducitur Veneri libare*.
Dans le troisième, saint Symphorien est
battu de verges: *In flagellis atteritur*. Dans
le quatrième, il est conduit à la mort et exhorté par sa mère : *Ad decollationem ducitur, a matre animatur*. Au-dessous des panneaux on voit l'âme du martyr présentée à
Notre-Seigneur crucifié et vêtu d'une tuni-
que.

Quant aux autres représentations peintes
de saint Symphorien, il n'en est pas, du
moins que nous sachions, qui mérite d'être
signalée ; et ses statues se réduisent à peu
près toutes à un seul type fourni par l'histoire, celui d'un adolescent tenant une palme
à la main. Le Saint a été aussi représenté
comme on représentait souvent autrefois
les martyrs décapités, c'est-à-dire portant
leur tête dans leurs mains. A Trévoux, par
une singularité unique et curieuse, saint
Symphorien est représenté en chevalier sur
les méreaux de l'ancien Chapitre. — Enfin,
il existe à Autun une petite gravure où l'on
voit aux pieds du Saint la hache avec laquelle il aurait voulu briser le simulacre de

6

Cybèle, et le vase renversé où étaient les charbons ardents sur lesquels il refusa de jeter en l'honneur de la déesse, le grain d'encens que demandait le proconsul. Il a les yeux levés en haut, et déjà un ange vient du ciel lui apporter la couronne.

CHAPITRE XI

Le corps de notre illustre Martyr fut déposé dans une petite *cellule*, près d'une fontaine voisine du lieu où il avait été décapité. C'est là que le vénérèrent aussitôt après sa mort les fidèles et même les païens, témoins des prodiges nombreux qui s'opéraient.

Vers la fin du IVᵉ siècle, saint Simplice, évêque d'Autun, éleva sur le tombeau miraculeux une chapelle qu'il consacra, assisté de saint Amatre, évêque d'Auxerre. Dans la première moitié du Vᵉ siècle, le grand évêque saint Euphrone construisit, tout près de là, sous le vocable du saint Martyr, une célèbre abbaye et une superbe basilique dans laquelle il plaça les reliques sacrées. Dans la dernière moitié du VIIᵉ siècle, saint Léger fit construire dans la même basilique un nouveau tombeau pour le glorieux Martyr. Il y eut alors une translation. Le jeune

Fils de saint Fauste et de sainte Augusta, qui avait été, à ce qu'il paraît, placé d'abord dans l'*atrium* de la basilique construite par saint Euphrone, fut déposé dans la crypte, avec son père et son admirable mère, comme dans un polyandre de famille. Le cardinal Rolin, évêque d'Autun, faisant réparer l'église, vers 1467, trouva en effet dans la chapelle souterraine trois tombeaux de grès et une tablette portant l'inscription suivante :

Faustus et Augusta jacent inter hæc duo busta ;
Integer et sanus medius jacet Symphorianus.

« Fauste et Augusta reposent dans deux de ces tombeaux ; le corps entier et intact de Symphorien repose dans celui du milieu ».

Le cardinal, alors, prit une partie de ces reliques qu'il enchâssa précieusement dans un reliquaire d'argent du poids de cinquante marcs, que l'on plaça dans l'église supérieure.

En 1570, l'amiral de Coligny ayant pillé et incendié le monastère, fit jeter les reliques au feu. Mais il fut possible de retirer des cendres quelques débris conservés jusqu'à nos jours et portant encore la trace des flammes qui les ont altérés. Après la reconstruction de l'église, au commencement du siècle suivant, les trois tombeaux de grès, transportés de la crypte dans l'église supérieure, furent mis dans un lieu élevé, afin d'attirer davantage les regards des fidèles et satisfaire leur piété. Plus tard, c'est-à-dire au XVIIIe siècle, les religieux de Saint-Symphorien placèrent les trois tombeaux de grès dans l'intérieur d'un magnifique autel qu'ils venaient de faire construire. En 1803, cet autel fut transporté, avec les trois tombeaux, dans l'église Notre-Dame d'Autun, et la plus grande partie des reliques de ces mêmes tombeaux furent portées à la cathédrale. Des enquêtes juridiques, que l'on fit à cette époque, constatèrent la conservation d'une partie des reliques jetées au feu en 1570, et ensuite dispersées pendant la Révolution. Ces précieux restes sont aujourd'hui dans les châsses de la cathédrale. Une récente procédure est venue corroborer la première.

C'est de ces châsses qu'a été extraite la relique que possède l'église de Massangis. Voici ce qu'on lit dans les archives de cette paroisse : « La précieuse relique de saint Symphorien, que possède la paroisse de Massangis, est due à une faveur de Mgr du Trousset d'Héricourt, évêque d'Autun, qui, sur la demande qui lui en a été faite, a bien voulu la lui octroyer, comme l'atteste la pièce épiscopale en date du 27 septembre 1841. Sa Grandeur l'envoya, comme il avait été convenu, dans une petite boîte parfaitement close et scellée sur trois côtés. Cette précieuse boîte fut, avec l'authentique, adressée aussitôt à Mgr l'archevêque de Sens. M. l'abbé Daugauthier, chanoine gardien du trésor, aujourd'hui décédé, lequel avait reçu des instructions spéciales, tenait tout préparé un reliquaire en bois doré, fait en forme de tombeau et vitré dessus et par côté. Dans ce reliquaire, où elle repose sur un coussin recouvert de damas rouge et entouré de franges en or fin, fut placée la sainte relique, qui paraît provenir, dit l'authentique, des ossements de la tête, avec une autre de sainte Jucondine, qui y fut jointe très-gracieusement et tout spontanément par Mgr l'archevêque de Sens. Le reliquaire fut ensuite scellé aux deux bouts avec un ruban rouge et quatre cachets de cire rouge d'Es-

pagne, aux armes de Mgr de Cosnac, alors
à la tête du diocèse. Mais l'humidité et l'action du temps ayant détaché le ruban, le reliquaire a dû être renvoyé à Sens pour y être examiné et scellé à nouveau : c'est ce qui explique pourquoi les sceaux ne sont plus aux armes de Mgr de Cosnac, mais aux armes de Mgr Bernardou, actuellement archevêque de Sens.

La fête de saint Symphorien a toujours été célébrée solennellement. Pendant les âges de foi, un grand nombre de pèlerins se rendaient à son tombeau, placé sous la garde des Chanoines réguliers qui, jusqu'à la Révolution, occupèrent son abbaye et desservirent son église. Comme les plus illustres martyrs, saint Symphorien a l'honneur insigne d'être mentionné dans la liturgie romaine.

Son culte prend en ce moment-ci une nouvelle extension. Mgr l'évêque d'Autun a fait un mandement par lequel il donne le jeune martyr pour patron aux écoles du diocèse, et établit pour cela une nouvelle fête annuelle et spéciale.

On a élevé, près du lieu où le saint fut martyrisé et inhumé primitivement, une église qui servira à raviver le culte cher aux Autunais.

Dans le diocèse d'Autun et dans la plupart des diocèses de France, un grand nombre d'églises sont sous le vocable ou sous le patronage de saint Symphorien.

Nous avons emprunté cette biographie au remarquable ouvrage de M. l'abbé Dinet, chanoine de la cathédrale d'Autun : *Saint Symphorien et son culte.* — Cf. *Hagiologie Nivernaise*, par Mgr Crosnier ; le *Légendaire d'Autun*, par l'abbé Pequignot ; les *Saints de Troyes*, par l'abbé Defer ; les *Saints de Dijon*, par l'abbé Duplus ; Dom Ceillier.

CANTIQUE

EN L'HONNEUR DE SAINT SYMPHORIEN.

<center>~~~~~</center>

REFRAIN

Symphorien, honneur à ta mémoire !
Symphorien, jeune héros chrétien,
Par tes leçons, comme toi je veux croire ;
Croire, espérer, aimer est tout mon bien.

Du sol gaulois l'antique capitale
Rendait hommage à ses dieux insensés :
Peuple, interromps ta pompe triomphale...
Ces dieux par lui vont tomber terrassés.
    Symphorien, etc.

Sur son char d'or quand l'impure Cybèle
Voit tout un peuple stupide à ses genoux,
Symphorien, transporté d'un saint zèle,
Fort de sa foi s'enflamme de courroux.
    Symphorien, etc.

Quel sens fatal, dit-il, trompe vos âmes ?
Au noir Satan, quoi ! vous offrez des vœux !
Je veux briser ces idoles infâmes :
Il n'est qu'un Dieu, c'est le maître des cieux.
    Symphorien, etc.

Telle qu'on voit s'avancer la tempête,
Tel a grondé tout ce peuple en fureur ;
Les bras levés s'agitent sur sa tête...
Mort ! — Oui, la mort, tel est l'édit vengeur.
    Symphorien, etc.

Le juge en vain, joignant l'offre aux menaces
Fait à ses yeux briller argent, faveur ;
Lui, dédaigneux, par delà les espaces,
A su placer son espoir et son cœur.
    Symphorien, etc.

Dans le réduit d'une prison obscure
Son noble front rayonne de splendeur ;
Sa foi puissante a vaincu la nature
Et sans faiblir triomphe en la douleur.
    Symphorien, etc.

Sacrifier pour nous ton sang, ta vie,
Amour divin, c'est ton suprême effort...
Lui, par retour, pure et vivante hostie,
Jeune, brillant, il t'offre mort pour mort.
    Symphorien, etc.

Quand le licteur a paré la victime
Et que son corps est de sang empourpré,
Pressant le pas le héros magnanime
Brûle qu'au Christ il soit tout consacré.
    Symphorien, etc.

Digne de lui, sa mère l'accompagne,
Du haut des tours encourage son fils :
« Mon fils, regarde à la sainte montagne ;
« Là-haut, là-haut, du vainqueur est le prix ».
    Symphorien, etc.

Heureux combat où le fils et la mère,
Rivalisant dans une sainte ardeur,
Nous ont tracé cette noble carrière
Où pour Jésus, mourir est le bonheur.
    Symphorien, etc.

TABLE DES MATIÈRES

Bar-le-Duc — Typ. des Célestins — BERTRAND

www.ingramcontent.com/pod-product-compliance
Ingram Content Group UK Ltd.
Pitfield, Milton Keynes, MK11 3LW, UK
UKHW022040170726
13837UKWH00002B/708

9 782329 219127